Uma Viagem Ao Inferno

AUTO-ESTIMA

Abigail Feliciano

Auto-Estima: Uma Viagem ao Inferno
Copyright © 2003 da Editora Alta Books Ltda.

Todos os direitos reservados e protegidos pela Lei 5988 de 14/12/73. Nenhuma parte deste livro, sem autorização prévia por escrito da editora, poderá ser reproduzida ou transmitida sejam quais forem os meios empregados: eletrônico, mecânico, fotográfico, gravação ou quaisquer outros.

Todo o esforço foi feito para fornecer a mais completa e adequada informação, contudo a(s) editora(s) e o(s) autor(es) não assumem responsabilidade pelos resultados e usos da informação fornecida. Recomendamos aos leitores testar a informação bem como tomar todos os cuidados necessários (como o backup), antes da efetiva utilização. Este livro **não** contém CD-ROM, disquete ou qualquer outra mídia e também não dá direito a qualquer tipo de suporte.

Erratas e atualizações: Sempre nos esforçamos para entregar a você leitor um livro livre de erros técnicos ou de conteúdo, porém nem sempre isto é conseguido, seja por motivo de alteração de software, interpretação ou mesmo quando alguns deslizes constam na versão original de alguns livros que traduzimos. Sendo assim criamos em nosso site a seção Erratas no site www.altabooks.com.br, onde se algum erro for encontrado em nossos livros, este será relato com a devida correção

Avisos e Renúncia de Direitos: Este livro é vendido como está, sem garantia de qualquer tipo, seja expressa ou implícita.

Marcas Registradas: Todos os termos mencionados e reconhecidos como Marca Registrada e/ou comercial são de responsabilidade total de seus proprietários. A Editora informa não estar associada a nenhum produto e/ou fornecedor apresentado no livro. No decorrer da obra, imagens, nomes de produtos e fabricantes podem ter sido utilizado e desde já a Editora informa que o uso é apenas ilustrativo e/ou educativo, não visando lucro, favorecimento ou desmerecimento do produto/fabricante.

Produção Editorial **Editora Alta Books**

Diagramação: Natalia Costa

Revisão e preparação: Carlota Berault, Viviane da Silva Castro

Impresso no Brasil

O código de propriedade intelectual de 1º de Julho de 1992 proibe expressamente o uso coletivo sem autorização dos detentores do direito autoral da obra bem como a cópia ilegal do original. Esta prática generalizada nos estabelecimentos de ensino provocam uma brutal baixa nas vendas dos livros ao ponto de impossibilitar aos autores de criarem novas obras.

Av. Nilo Peçanha, 151 - cjs. 507 a 510
Castelo - Rio de Janeiro - RJ. CEP 20020-100
Tel: (21) 2215-0225 / 2215-0226 - Fax: 2215-1087
www.altabooks.com.br, altabooks@altabooks.com.br

Sumário

Prefácio _____ 1

Introdução _____ 3

Auto-estima, você sabe o que é? _____ 7

A perda da auto-estima _____ 12

Haja BENS MATERIAIS _____ 14

A perda do emprego _____ 20

Perda ou desarmonia na família _____ 30

Auto-estima baixa é prejudicial ao casamento ____ 36

A rejeição leva à perda da auto-estima _____ 39

Sem saúde, sem auto-estima _____ 44

O estresse constante leva à perda da auto-estima __ 48

Porque ter auto-estima na adolescência _____ 51

A lealdade eleva a auto-estima _____ 54

Eenvelhecimento com auto-estima elevada _____ 59

A agressão leva à perda da auto-estima _____ 65

Como readiquirir a auto-etima _____ 68

Mudança de paradigma _____ 74

O início da escalada _____ 78

O equilíbrio dos níveis energéticos _____ 84

PREFÁCIO

A idéia de escrever este livro surgiu de uma conversa sobre auto-estima. A conclusão foi que não adianta apenas ler sobre o assunto ou ficar desejando esse estado de bem-querer. É necessário que haja orientações que já foram usadas e surtiram resultados satisfatórios para adquirir ou readquirir a auto-estima. Uma pessoa desprovida de auto-estima, ao ler um texto apenas dissertativo sobre o assunto, não conseguirá atingir o resultado desejado.

Comecei a pensar no que ocorreu em minha vida quando perdi minha auto-estima. Havia me transformado em um ser quase sem vida. Não me preocupava mais com minha aparência, com a minha casa, com os amigos e nem mesmo com os meus filhos, o bem maior que possuo.

Hoje, consigo até rir de como estava feia, na verdade horrorosa, amarga, grosseira. Atualmente, o meu estado de espírito é totalmente inverso – equilibrado, em paz comigo, com tudo e com todos.

Ao pensar no ocorrido, a vontade de escrever e levar ao conhecimento de outros as fórmulas e receitas que usei e que deram excelentes resultados foi crescendo, aumentando, tomando forma, e o livro ficou pronto na memória, faltava apenas colocá-lo no papel.

Este livro está sendo escrito com imensa vontade de levar ao leitor todas as experiências amargas da falta de auto-estima e de navegar em busca de um

Auto-Estima: Uma Viagem ao Inferno
Abigail Feliciano

valor perdido e depois, ao conseguir encontrá-lo, saboreá-lo como o doce mais gostoso feito por quem aprendeu a receita e usou todos os ingredientes necessários, irrigados com amor e um desejo imenso de sentir o prazer da verdadeira auto-estima.

É um livro para você que deixou de se amar, de se admirar, de ver a beleza e o encanto da vida e que, principalmente, deixou de sentir prazer de viver, que perdeu o gosto pelo trabalho, pelo passeio ao ar livre, por sua casa, sua família e, inclusive, deixou de curtir os amigos. A você que perdeu um grande amor, um ente querido, um sonho que se desvaneceu.

Tenho certeza de que encontrará um receita adequada e voltará a sorrir até mesmo de coisas desagradáveis que por ventura vierem a acontecer em sua vida, sem perder novamente a auto-estima.

INTRODUÇÃO

"Embora os mestres e os livros sejam auxiliares necessários, é do esforço próprio que se consegue o mais completo e brilhante resultado". Jonh Garfield

Na caminhada ao longo da vida, devemos adquirir habilidades para que possamos construir vias de acesso em direção aos nossos objetivos. Para tanto, é necessário definirmos quais são eles e traçarmos metas para atingi-los. Mas isto somente não basta, é preciso nos comprometer com estas e cumpri-las, uma a uma, com muita coragem.

Se sairmos dessas vias, poderemos nos deparar com caminhos cheios de obstáculos, placas de contramão, desvios e talvez encontrar a estrada com uma placa de interrupção. Poderemos chegar ao nosso destino, mas com certeza demoraremos muito mais do que as pessoas que souberam movimentar-se suavemente e sem muito atrito.

Portanto, defina seu objetivo antes de qualquer decisão, pergunte o que você quer, como deseja ser, onde você está e qual estágio que deseja atingir. Somente fazendo perguntas é que poderá obter a resposta. Não adianta fazer grandes dissertações sobre a vida, não obterá respostas concretas.

Observe as crianças, elas aprendem fazendo perguntas. Libere sua criança interna e comece a se questionar.

Auto-Estima: Uma Viagem ao Inferno

Abigail Feliciano

Faça neste momento sua primeira pergunta, se não obtiver a resposta de imediato não se preocupe, volte a repeti-la, com certeza terá a resposta antes de perguntar pela terceira vez.

Definindo seu objetivo, lute por ele até sua completa realização.

Nos cursos ou seminários, as perguntas sobre auto-estima não diferem muito uma das outras.

- ❏ O que é auto-estima?
- ❏ Como adquirir auto-estima?
- ❏ O que faço para readquirir minha auto-estima?

E assim, seguem tantas outras que dariam um livro extenso somente de perguntas.

Vamos às respostas:

- auto-estima é amar-se, é aceitar-se verdadeira e honestamente, é aprovar-se corrigindo as imperfeições que possam nos prejudicar ou a outras pessoas.

Quando não se ama, não se tem e nem se consegue adquirir auto-estima. O amor por si mesmo é fator primordial, conscientize-se disso.

Ame-se. Esforce-se para querer muito bem a você mesmo. Acredite em você, no seu potencial que é infinito. Transborde em amor, respire amor, exale-o através de todos os poros de seu corpo. Que os seus pensamentos, seus gestos e atitudes sejam de amor, em primeiro lugar para você mesmo, só assim, poderá amar as outras pessoas e ser amado por elas.

Acredite nas palavras do mestre Jesus:

"Amai o próximo como a ti mesmo".

Isto significa que você só poderá amar alguém se amar você em primeiro lugar.

Tenha coragem, enfrente o dragão do medo, desprenda-se, abra seu coração para o amor e a vida sorrirá para você com um encanto nunca vivenciado.

Depois de aprender a se amar, tudo fluirá de forma mais amena, suave, enternecedora. As pessoas olharão para você de forma diferenciada porque você se tornou uma pessoa, também, diferente. Seja diferente, o mundo está cheio de iguais.

Observe as pessoas que se amam, elas estão sempre sorrindo, descontraídas, felizes, radiantes. Achegue-se a essas pessoas, aprenda com elas, descubra os meios e fórmulas que usaram para atingirem esse estado tão gratificante.

Vá a luta. Não pare nunca. Não descanse, persiga o amor. Conquiste-o, vale a pena, vale mais do que qualquer outro esforço feito até hoje. Se não acreditar, não importa. Experimente e tire suas próprias conclusões. Saiba apenas a diferença entre amor e paixão. São duas coisas distintas e distantes.

O amor enternece, a paixão endurece. O amor atrai, a paixão afasta. O amor é troca, permuta de sentimentos sublimes, a paixão escravidão, é toma-lá-dá-cá, é cobrança permanente, é desilusão, desencanto, perda, sofrimento, é desgastante. A única paixão válida é pela vida.

Comprometa-se com você agora. Determine um prazo para começar a praticar o amor e cumpra-o. Somente o comprometimento faz com que cumpramos nossas promessas.

Vá agora para diante do espelho, olhe sua fisionomia, veja como já está mais descontraída, aproveite este momento e sorria para você. Comece com um sorriso de Monalisa e transforme-o em um lindo e maravilhoso sorriso. Feche agora o semblante, observe como você fica feio. Como alguém pode amar o outro com uma cara tão fechada?

Agora, sorria novamente para você e volte à leitura sorrindo. Vai parecer bobo ou coisa de maluco, mas não importa o que aparenta, e sim o que é realmente.

Comece a treinar e assim dará o primeiro passo para adquirir ou readquirir a auto-estima.

> BOA SORTE! BOM COMEÇO!

AUTO-ESTIMA, VOCÊ SABE O QUE É?

 Auto-estima é bem-querer, é estar de bem com você, com a vida, com as pessoas, com o mundo, com Deus.

Auto-estima é reconhecer suas qualidades, é observar seus defeitos e corrigi-los, é saber conduzir a vida com saúde, felicidade, sucesso, harmonia familiar e paz de espírito.

Auto-estima é aprendizado, trabalho árduo, mas compensador.

Auto-estima não é inato. Nunca, alguém foi a um berçário, olhou os lindos bebês e disse:

- Como eles têm auto-estima!

Na infância, a auto-estima é adquirida com a ajuda dos pais ou de quem educa a criança na falta destes. Já na fase adulta, temos que adquiri-la ou reconquistá-la por vontade própria.

Diz-se que a criança é uma folha de papel em branco, na qual os adultos vão escrevendo suas idéias. É uma quase verdade. Quem tem filhos pode comprovar isto, e quem não os tem pode observar os filhos de outros, quando se conhece o pai desses.

Por que uma quase verdade? Porque conhecemos pais excelentes, cheios de amor, doação, interesse pelos filhos e estes nem sempre são maravilhosos.Mas, na maioria dos casos, podemos considerá-la correta.

Auto-Estima: Uma Viagem ao Inferno

Abigail Feliciano

O amor, respeito e carinho proporcionados pelos pais à criança são alicerces para que ela adquira a auto-estima.

Muito de minha auto-estima devo ao meu pai, que partiu quando eu estava com apenas oito anos de idade, mas sua sabedoria ensinou-me muito do que sei hoje. Talvez, ele soubesse intuitivamente que teria pouco tempo para me ensinar e o fez com muito amor, dedicação e desprendimento.

Embora eu não tenha entendido na época – descobri muito mais tarde –, antes de morrer me chamou e disse que iria partir para sempre e me fez um pedido que deixou marcas profundas, feridas que só se cicratizaram depois de trinta anos. Hoje, entendo porque foi tão duro comigo, sendo eu tão pequena

Suas palavras soam nitidamente até hoje em minha cabeça:

- Filha, sei que vou morrer, mas quero que cresça e seja uma mulher bonita, feliz e íntegra.

Que dor eu senti. Não entendia porque iria me abandonar, quem iria me carregar no colo, contar estórias, mostrar as constelações, com quem eu iria comer, se só comia quando ele me dava na boca.

Foi muito cruel sua partida, tanto que até algum tempo atrás eu tinha dificuldade para comer, mas apesar de toda dor que sofri com suas palavras, segui quase a risca seu pedido.

Cresci com integridade e sou feliz. Agora, bonita me esforço ao máximo com uma boa maquilagem, roupas bonitas e mais alguns truques. Continuo tentando, o resultado tem sido bom.

A educação na formação da personalidade da criança requer dos pais atitudes firmes, cultivo à verdade, sinceridade, confiança, estímulo, elogios e repreensões nos momentos certos. Tudo isso reunido dá base para a criança adquirir sua auto-estima.

A auto-estima permanece firme na fase adulta quando estamos próximos de pessoas positivas, alegres, descontraídas, sorridentes, bem-humoradas, sinceras, transparentes.

Faça amigos verdadeiros, eles ajudam a manter a auto-estima.

"Quando meu amigo está triste, vou ao seu encontro. Quando ele está feliz, eu o espero."
[autor desconhecido]

Esta frase resume o que é ser amigo verdadeiro.

O homem não pode viver isolado, precisa de amigos, de outras pessoas que o ajudem a manter um estado equilibrado. É nos amigos que vemos refletir nossa imagem.

A amizade precisa ser cultivada. É preciso estar presente na vida dos amigos. Quem tem amigos deve esforçar-se ao máximo para conservá-los, porque uma vez perdidos, jamais serão reconquistados.

Cuide de sua amizade, regue com muito amor e dedicação, carinho e, principalmente, respeito. Não diga palavras que possam magoar seu amigo, não critique em excesso, esteja presente quando ele precisar e a qualquer hora, porque a tristeza não manda recado quando vai chegar.

Existem pessoas que têm amigos encantadores e não os valorizam, trocam a amizade por pessoas vazias, fúteis, sem brilho e depois ficam a chorar em busca de novos amigos quando se encontram sós.

Fuja de pessoas assim, não vale a pena perder tempo dedicando nosso amor a elas.

Seja cauteloso para fazer amizades, observe atentamente o comportamento, as atitudes e os amigos que o cercam, para que você possa certificar-se de seu caráter. Esses cuidados devem ser tomados para evitar decepções e dissabores no transcorrer da amizade.

Com seus verdadeiros amigos, seja leal, útil, gentil, zeloso, compreensivo. Assim, terá sempre alguém ao seu lado para ajudá-lo a manter a auto-estima.

Nunca afronte seus amigos, não os desafie. Retribua o amor que eles oferecem, o carinho e, acima de tudo, o respeito.

Procure não falar de seus defeitos diante de outras pessoas, se tiver que fazer alguma observação, faça no momento propício e com muito carinho. Perceba e conheça suas franquezas, seus medos. Todos nós temos alguns. Cuide muito bem da amizade que conquistou.

O bom relacionamento com os amigos é muito importante para a preservação da auto-estima, da saúde, da felicidade, da paz e da tranqüilidade.

Contou-me uma vez, doutor Salomão Chaib, médico extraordinário, sobre uma pesquisa feita nos Estados Unidos da América do Norte:

Auto-Estima: Uma Viagem ao Inferno
Abigail Feliciano

Um laboratório estudava a arteriosclerose. Coelhos eram alimentados com doses altas de colesterol. Um grupo envelhecia precocemente, desenvolvia pressão alta, enfarte e mal podia andar. O outro continuava bem.

O motivo da diferença foi descoberto por acaso por um dos pesquisadores que entrou na sala e viu que a pessoa que cuidava dos animais, acariciava o segundo grupo, brincava com os coelhos. Por isso eles permaneciam ativos e resistentes.

Isto prova que o bom relacionamento com outras pessoas é importante para a preservação da saúde, da felicidade e, conseqüentemente, da auto-estima.

Para quem tem amigos e sofre algum dissabor causado por algum motivo, a recuperação é muito mais fácil quando eles estão por perto.

Os verdadeiros amigos não se ofendem com frases, palavras e comportamentos insignificantes.

Só abra seu coração para amigos confiáveis, leais e honestos.

"Amigo é alguém que nos conhece a fundo e não obstante nos quer bem." [autor desconhecido]

A PERDA DA AUTO-ESTIMA

Sorrindo, não há mágoa que possa subsistir em seu coração. Esforce-se. Recorde que a vitória por ser verdadeira precisa ter sido difícil.

A perda da auto-estima ocorre por vários motivos. O mais importante é você detectar porque não adquiriu ou porque perdeu a auto-estima. Detectado o motivo, você saberá qual a direção que deverá tomar, qual receita deverá usar para reconquistá-la.

Fatores que levam a perda da auto-estima:

1- Perda pessoal ou material–

(emprego, negócios, família, dinheiro)

2- Perda da saúde

3- Agressão (moral, verbal, física)

4- Adolescência

5- Rejeição

6- Envelhecimento.

Esta enumeração não significa que a perda da auto-estima obedece a esta seqüência. Foram assim relacionados para melhor dissertação de cada fator que provoca a perda de um estado emocional equilibrado.

Qualquer perda dá uma sensação de vazio, angústia, ansiedade, dor no peito e muito medo. Perde-se a confiança em si mesmo e não mais se acredita que se é capaz de conquistar outro relacionamento ou bens materiais.

A perda não inclui somente os relacionamentos pessoais, em suas mais diferentes formas, mas também a perda da saúde, do trabalho, da família, do dinheiro, carro, casa ou qualquer outro bem material.

Toda perda é dolorosa, somente quem vivenciou consegue mensurá-la e saber o quanto é prejudicial para o equilíbrio físico e emocional.

Em depoimentos relatados pelos participantes de cursos, o que mais se ouve é sobre a perda de um grande amor, seja por morte ou por abandono. Esta perda esmaga, dilacera, arrasa, destrói, deixa marcas profundas, parece que não vai passar jamais, que a paz interior nunca mais vai voltar, fica-se altamente sensível, tudo se torna negro, sem brilho, sem encanto, a voz não sai, o choro é constante e incontrolável.

Haja BENS MATERIAIS

Um homem não está acabado quando enfrenta uma derrota ou uma falência. Ele está acabado quando desiste.

Além da perda de um grande amor, outra queixa muito constante é a perda de bens materiais, tais como um negócio, empresa, casa, carro e até coisas menores, mas de muita importância e necessárias para a pessoa.

É perfeitamente normal, natural e sadio que toda pessoa tente conquistar bens materiais para que possa viver confortavelmente. Nessa incessante busca, ela trabalha demasiadamente, dorme pouco, priva-se do lazer em companhia da família ou de amigos e segue de forma alucinante na corrida em busca de bens materiais.

Quando o objetivo não é atingido, ocorre uma grande frustração; e se for alcançado e, por ventura, a pessoa perdê-lo, a frustração também ocorrerá.

Se isto acontecer, a pessoa começa a perder o entusiasmo, a confiança em si, a coragem e a fé. Inicia-se, então, o processo de decadência da auto-estima. Em razão disso, tudo é visto negativamente e com desconfiança. Esse processo precisa ser invertido. A técnica do espelhamento costuma dar um bom resultado.

Se você está em busca de bens materiais ou de recuperar o que perdeu, faça uma lista de seus objetivos neste momento. Escreva o que você quer atingir, de uma agulha a um avião.

Apenas um lembrete:

☐ sonhe dentro da realidade, caso contrário poderá ficar frustrado.

Depois de definir claramente o que você quer alcançar, deverá estabelecer metas, se comprometer e cumpri-las. As metas devem ser cumpridas por você, pois os objetivos são seus. Isto não significa que não deva aceitar ajuda de outras pessoas, a colaboração é muito importante na busca de objetivos.

Com o objetivo definido, as metas estabelecidas e o cumprimento dessas, você estará a meio caminho para atingi-lo.

Mas somente isto não basta, é preciso adquirir conhecimentos, habilidades, mudar paradigmas, sair da mesmice.

Dedique-se ao estudo, faça especializações, confie em você, no seu potencial.

É muito importante usar a criatividade. Observe as crianças, veja como são criativas, como descobrem brincadeiras novas, como resolvem situações difíceis com muita naturalidade.

O que acontece é que quando a pessoa cresce, adultera a sua criança interior, torna-se rígida, inflexível. O que deve ser feito é trazer de volta a criança adormecida. Ser criança é diferente de ser infantil. A infantilidade só atrapalha e faz parecer que a pessoa é boba. O lado criança traz o prazer de viver, de criar, de sorrir, de gostar de coisas novas, deixa livre, sem amarras, sem preconceitos.

Há quanto tempo você não anda na guia da calçada? Corre na rua? Empina pipa? Joga bolinha de gude? Lembra-se de quando era criança e fazia isso? Brinque um pouco mais com seus filhos, netos, sobrinhos e, se não, tiver nenhuma criança para brincar, brinque sozinho mesmo, e daí?

Utilize também a técnica do travesseiro que tem por finalidade a elaboração de objetivos, será mais um meio de ajuda na busca desses.

Técnica do Travesseiro:

- *Escreva em uma folha de papel seus objetivos.*
- *Depois de anotar tudo, detalhe o que deseja com clareza.*
- *Defina o prazo de cumprimento de metas.*
- *Todas as noites antes de dormir, leia para verificar se deixou de cumprir o prazo de alguma coisa definida.*
- *Guarde dentro da fronha do travesseiro, não é simpatia, é para o caso de esquecer. Quando você se deitar, o papel fará barulho e imediatamente você se lembrará de lê-lo e não será necessário dormir com o papel dentro da fronha. Depois de ler, coloque-o num lugar visível e de manhã, guarde-o novamente*
- *Risque qualquer objetivo concretizado do papel e anote a data – somente para comprovação posterior de eficiência da técnica.*

Ela poderá funcionar imediatamente ou demorar algum tempo, não desista, seja persistente. Se não acreditar na técnica, não importa, faça assim mesmo, não custa nada, não é? Ela funcionará independente de ter ou não fé, porque é o cérebro que está trabalhando juntamente com suas ações, por isso o cumprimento das metas é muito importante.

Comece neste instante mesmo a fazer sua lista. Desejo-lhe muita luz violeta de transmutação e um grande luz dourada de sucesso, sabedoria, felicidade e prosperidade.

Uma ressalva para a utilização da técnica:

- Ela só funcionará para objetivos positivos e factíveis. Não adianta tentar usar para coisas que não lhe pertençam, como emprego ou cargo que pertença a outro etc.

Não perca a auto-estima por ter perdido bens materiais, sejam eles quais forem, é em uma situação difícil que se poderá perceber toda a sua capacidade, garra e os seus melhores valores.

O conceito que temos de nós mesmos é um fator determinante para termos auto-estima. A autoconfiança e o auto-respeito, nos capacitam para lidarmos com os desafios que a vida apresenta.

Não fique pensando no passado, no tempo em que você tinha carro novo ou um apartamento confortável ou uma empresa. Não perca seu tempo, o passado não poderá ser recuperado. Não gaste suas energias construindo castelos no ar. Use toda sua força para novas idéias, novos sonhos, novas perspectivas de negócios, para adquirir novos bens materiais.

Auto-Estima: Uma Viagem ao Inferno
Abigail Feliciano

Não fique pensando, como a maioria das pessoas que estão sempre dizendo que a situação do país está cada vez pior, que está muito difícil ganhar dinheiro, que antigamente que era bom. Tudo balela! Desde que me conheço por gente ouço essa ladainha. Tem muita gente nesse país ganhando dinheiro. Pode ser que não estejam ricos, mas ganham o suficiente para ter uma vida confortável.

Vá em frente, tenho certeza que descobrirá que você tem talentos que nunca foram percebidos, que tem habilidades que trarão muito retorno financeiro em sua vida.

Confie em você, e não dê atenção às pessoas pessimistas que têm medo de sonhar.

A auto-estima é um fator decisivo para o sucesso pessoal e profissional.

Era uma vez... uma corrida de sapinhos.

Eles tinham de alcançar o topo de uma montanha.

Foi dada a largada! Os sapinhos, saltitando, iam subindo a montanha.

Alguns chegaram no meio do caminho e perderam o fôlego; outros rolaram ribanceira abaixo; outros ainda quase chegaram, mas acabaram desistindo, pois acreditavam estar muito cansados para chegar ao topo (objetivo); outros ainda desfaleceram no meio do caminho.

Ah! Mas um sapinho conseguiu.

E todos ficaram espantados com a vitória daquele que não havia se destacado entre os melhores.

Na realidade não deram muito incentivos a ele.

- Porquê logo ele conseguiu?

- O que ele tinha de especial?

Então descobriram que este sapinho de sucesso era surdo.

<u>Moral da história</u>: O sapinho não pôde ouvir o que os outros lhe diziam.

A PERDA DO EMPREGO

Por mais longo que seja o dia, por mais escura que seja a noite, o sol sempre volta a brilhar. Filme Xuxa Pop Star

ste é o assunto mais comentado hoje por qualquer pessoa, pela mídia, pelos economistas e, principalmente, pelos políticos.

Qualquer criança do primeiro grau sabe o que é desemprego, especialmente os mais desfavorecidos porque com certeza têm alguém na sua família que está desempregado.

A minha fonte maior de informações para escrever sobre a perda do emprego não é o jornal nem a televisão e muito menos os economistas, e sim os participantes de minhas palestras e cursos.

A pergunta é óbvia. Como falar de auto-estima com um desempregado, como falar sobre o assunto com quem tem o pai ou a mãe desempregada, e até mesmo o participante da palestra pode estar desempregado e participa desta por ser gratuita e o curso geralmente alguém paga, talvez até para tentar ajudar a pessoa a melhorar o estado emocional para que ela possa buscar um novo emprego.

Sim, como falar de auto-estima a essas pessoas?

É simples!

Não se espantem com a resposta.

Você deve estar pensando:

"Para ela falar é fácil, quero ver ela no meu lugar, desempregado, com aluguel para pagar, conta de luz, água, telefone vencendo, supermercado para fazer, e ela diz: – é simples! Com certeza ou é maluca, fora da realidade do nosso país, ou tem alguma fórmula mágica".

Nem uma coisa nem outra. Apenas tenho paradigmas diferentes para viver num país com um índice altíssimo de desemprego.

A perda do emprego desequilibra a maioria das pessoas. O choque é muito grande quando se recebe a notícia da dispensa do emprego e pior: existem chefes que tem o prazer de despedir determinado funcionário, não porque este não seja um excelente profissional, mas por medo de que este tome o seu lugar. Isso acontece freqüentemente.

Posso até citar dois exemplos.

Prestei serviços para uma conceituada empresa nacional e o meu *feedback* era um dos melhores. Isso começou a incomodar não só a supervisão como a gerência, a ponto de ser afrontada e agredida verbalmente pela supervisora da área, que dentre outras coisas desagradáveis, disse:

- Não sei o que acontece com seus alunos para admirarem tanto você, com certeza devem ser retardados e minha vontade é socar a cara deles.

O que fazer diante de um comentário desse? De um profissional que supervisionava treinamento para adolescentes?

Mantive o meu equilíbrio emocional, não respondi à agressão e agradeci a Deus por ser amada e admirada por tantos adolescentes.

O outro caso, foi em um coquetel oferecido pela mesma empresa, no qual a gerente me perguntou por que eu estava vestida tão bem se a gerente era ela. Aqui, veio a resposta sem nenhuma modéstia:

- Porque eu só tenho esse tipo de roupa para usar, de grife.

E saí de perto para curtir a festa. (É claro que eu não vestia nenhuma grife, mas ela acreditou).

Adivinhe o que aconteceu? Não fui mais convidada para prestar serviço naquela unidade.

Você deve estar fazendo outra pergunta:

- Como ela se sentiu? Qual foi a reação dela? E aí, ficou sem trabalho?

Só fiquei triste por não trabalhar mais com os adolescentes, com quem eu me relaciono muito bem. O resto você vai entender quando ler o final do capítulo.

Só pode avaliar a dor, a tristeza, a angustia e a incerteza de quem perde o emprego quem já vivenciou esta situação.

Um pai de família, com filhos para alimentar e sem emprego, perde totalmente o rumo, fica desnorteado e não importa o grau de instrução. Já vi muitos advogados chorarem por perderem seus empregos, já vi diretor de banco sem direção por perder o emprego.

Já ouvi muitas pessoas dizerem que talvez a única solução seria a morte, tal o grau de desespero por estar desempregado e não poder manter o lar. Já vi casamentos destruídos porque os maridos estavam desempregados.

Quando se perde o emprego, a maioria perde junto a auto-estima. Principalmente quando a pessoa tem formação superior, é qualificada, trabalhadora. Nesse caso, fica mais difícil a aceitação da perda do emprego e da dificuldade de arrumar outra colocação. Ela começa a se achar incompetente, sem sorte na vida, a se perguntar o que fez para merecer isto, a achar que é carma, que está pagando alguma coisa que fez e assim por diante.

A pessoa chora, se desespera, perde totalmente o ânimo para tentar encontrar qualquer outra saída e começa a pensar que a única é a morte. Aqui, começa a descida para o fundo do poço, a queda livre, sem nada nem ninguém para se agarrar.

Mas, há pessoas com as quais isso não acontece quando perdem o emprego, ou se acontece não dura por muitos dias. Elas não perdem a auto-estima. Fazem desse problema a sua alavanca para o sucesso.

Nesse caso, também vale a técnica do espelhamento. Espelhar-se nas pessoas que quando se vêem sem saída, inovam e mudam de vida.

Quantas pessoas assim você não conhece? Quantas pessoas que perderam o emprego e mudaram para uma vida melhor? Será apenas sorte? Com certeza, não! Então, o que essas pessoas têm de diferente?

São pessoas que enxergam por vários prismas, que mudam de paradigmas, que confiam em si próprias. Elas não ficam amarradas, presas ao modelo de serem apenas empregadas. Não têm em mente que só trabalhando dentro de uma empresa como funcionários, com carteira registrada e todos os benefícios que a legislação trabalhista garante, elas poderão se manter ou manter sua família. Elas sabem e acreditam que podem dar uma guinada na vida profissional, que poderão ter sucesso sem serem empregados. Sabem que para se manter e manter a família não precisarão necessariamente trabalhar com registro em carteira. Elas têm a certeza de que têm competência suficiente para viver de outra maneira.

Para isso, é preciso mudar as regras da vida, é preciso ser livre, ter a mente aberta, ser pelo menos um pouquinho visionário.

Eu conheço um engenheiro que virou suco (não pessoalmente, pois aqui em São Paulo, existe uma casa de suco que tem esse nome porque o dono era engenheiro e abriu esse negócio quando não encontrou emprego na sua função) o vendedor de sapatos, que é sócio de um canal de televisão, um cortador de cana que tem um salão de beleza, um vendedor de biscoitos que é consultor empresarial e muitos outros exemplos que se fosse citar dariam várias páginas deste livro.

Se você perdeu a auto-estima porque perdeu seu emprego e está achando que o mundo está contra você, que nadou e morreu na praia, pode parar com isso. Inspire fundo, deixe a leitura de lado por alguns instantes, vá para o chuveiro, tome um banho,

Auto-Estima: Uma Viagem ao Inferno
Abigail Feliciano

escove os dentes, penteie os cabelos. Se for homem, faça a barba, se mulher, passe pelo menos um baton, se gostar de perfume, use, vista-se com uma roupa bem confortável, olhe bem para você no espelho e admire a sua imagem de vencedor. Agora, pegue folhas de papel ou um caderno e comece a anotar tudo o que você sabe fazer, o que poderá ser feito, como, onde, de que jeito, quem poderá ajudar, deixe as idéias surgirem, sonhe, seja ousado. Use os conhecimentos que você adquiriu quando estava empregado. Comece a se ver como um profissional livre, seu próprio patrão. Pense, escreva, assim as idéias começarão a borbulhar em sua cabeça como nunca aconteceu antes.

Depois dessa experiência, volte para a sua leitura, você vai ver que enquanto lê novas idéias irão surgir.

Quando for dormir leia todas as anotações e fique atento aos seus sonhos, porque tenho certeza de que surgirá uma indicação do caminho que você deverá seguir.

Não precisa acreditar, mas para ter certeza, busque algumas informações sobre grandes inventores, você descobrirá que muitos descobriram fórmulas fantásticas em sonho, como é o caso da insulina, por exemplo.

Quando alguém está vivenciando uma situação desagradável, é muito difícil conseguir acreditar que há uma saída, mas o maior problema em casos assim é que a maioria fica atada ao passado.

Às vezes, a pessoa quer a qualquer custo continuar fazendo o que fazia há vinte ou cinco anos atrás, não importa o tempo, o que é preciso fazer é desprender-se dessa situação e pensar de forma diferente, abrir a mente, o horizonte.

Se você foi um gerente de banco, perdeu o emprego e não está conseguindo colocar-se no mercado de trabalho novamente ocupando o mesmo cargo, mude de rumo, veja outras perspectivas. Faça uma análise de quanto tempo você está à procura de um novo trabalho, encare a realidade. Junte todas as suas experiências bancárias e faça delas uma nova profissão. Comece a pesar as vantagens de mudar de profissão, fazer outras coisas, ter o seu próprio horário, ninguém dizendo o que você tem que fazer. Pense no desgaste que é lidar com colegas de trabalho sem ética, sem espírito de equipe e de colaboração.

Tudo bem, ser empregado também tem as suas vantagens, como ter fundo de garantia por tempo de serviço, aposentadoria e outras pequenas coisas, mas sendo autônomo ou profissional liberal você pode pagar uma aposentadoria, talvez até melhor, fazer uma poupança no lugar do fundo de garantia por tempo de serviço. Tem muitas outras opções para manter-se no mercado de trabalho.

Para que se possa enxergar coisas de forma diferente em qualquer área da vida, é imprescindível mudar, mudar e mudar. Deixar o comodismo, o mesmo jeito de fazer as coisas, a teimosia, a vergonha de não ser mais chamado de doutor, senhor etc. Aonde nos levam esses títulos? Para o mesmo lugar de quem não os tem, à morte. Então, vamos lá, como dizem por aí : "bola pra frente" ou "corra que atrás vem gente". De repente, você tem uma idéia e não a põe em prática, vem alguém mais rápido, mais ousado e faz o que você poderia ter feito. Depois, não vale reclamar e ficar contando para todo mundo que teve essa idéia há muito tempo.

Disse que no final do capítulo você entenderia porque é simples falar de auto-estima com quem perdeu o emprego.

Vou contar-lhe alguns segredos, mas se servir como incentivo para você, pode contar para outros.

Só fui empregada duas vezes. Uma em 1974 numa grande rede de supermercados e em apenas três meses fui convidada para ser supervisora da loja. Recusei porque minha filha era pequena e decidi educá-la. Tenho certeza que foi a melhor decisão. O outro emprego foi há um ano atrás, trabalhei apenas três meses, um dos sócios achou que eu estava ganhando muito. Foram as únicas vezes que fui empregada.

Quando adolescente, minhas roupas eram totalmente diferentes das outras pessoas do lugar onde morava porque minha irmã mandava confeccioná-las na cidade onde ela morava. A moda era a do Rio de Janeiro e eu residia no estado de São Paulo. As minhas amigas adoravam e queriam roupas iguais, então eu copiava os modelos e confeccionava para elas, com o dinheiro comprava novas roupas.

Depois do supermercado, cursei a faculdade e fui advogar. Cansei da morosidade da justiça do nosso país e quis mudar de profissão. Como tinha especializado-me em várias áreas de recursos humanos e comunicação e confiando na facilidade de relacionar-me com as outras pessoas, fui ousada.

Auto-Estima: Uma Viagem ao Inferno

Abigail Feliciano

Elaborei uma palestra e apresentei-a a uma empresa sem muita expectativa. Qual foi a minha surpresa! Aceitaram. Disseram que era para apenas dez pessoas.

Comecei a me preparar. Ficava na frente do espelho para observar meus gestos, lembrei-me da marcação de palco que aprendi no teatro, cuidei da minha dicção, fiz exercícios de respiração que havia aprendido no yoga. No dia, tomei um chá de erva cidreira, fiz um relaxamento e lá fui eu preparada para ministrar a palestra para dez pessoas.

Minhas pernas tremeram, minhas mãos começaram a suar quando a gerente de recursos humanos disse o número de participantes: 150 pessoas.

Decidiram que todos gerentes regionais e todos os vendedores deveriam participar.

Não tinha o que fazer a não ser ministrar a palestra e fazer uma boa apresentação para conseguir um curso *in company*.

Usei de todos os recursos que conhecia. Fiquei atrás da mesa por alguns minutos, os mais longos da minha vida, fiz respiração abdominal, que é relaxante, e usei de uma técnica de relaxamento rápido, eu tinha feito um curso de treinamento autógeno, e claro, rezei muito.

Trabalho como consultora empresarial e ministro palestras e cursos em várias áreas, prestando serviços para empresas de consultoria, sindicatos e associações. Achei que está na hora de mudar, elaborei um projeto e decidi implementá-lo buscando novos caminhos.

Eu disse que no final do capítulo você entenderia porque é simples.

Você pode ficar sem emprego, mas sem trabalho não. Basta virar a lente da vida.

PERDA OU DESARMONIA NA FAMÍLIA

Ame o mais que possa. Com amor será fácil vencer as dificuldades. (autor desconhecido)

A perda do emprego e conseqüentemente a falta de dinheiro levam a família ao estresse, e para que aconteça a desarmonia familiar não será preciso muita coisa.

Advoguei alguns anos na área da família e muitas separações em que atuei como profissional, foram pelo mesmo motivo - a falta de dinheiro.

É preciso tirar o filho da escola particular porque já não dá para pagar e todos sabem a diferença do nível de ensino de uma escola estadual. Depois, nada de lazer porque tem o supermercado para fazer. É preciso diminuir as ligações telefônicas, internet nem pensar. Os filhos começam a cobrar, reclamam com a mãe e esta com o pai. Algum tempo depois, estão todos em ponto de ebulição. Basta um olhar diferente ou uma resposta mais áspera para a confusão estar feita. E esse desgaste todo no convívio familiar, muitas vezes leva a perda da família.

Existem casais que ainda se amam, mas o desgaste do relacionamento é tanto que leva a separação do casal. Muitos pensam que a separação será a solução para o problema, mero engano. A luta para equilibrar o orçamento vai continuar e muito pior porque, além de cada um ter que se manter, um deles terá que arcar com a pensão alimentícia e muitas vezes a mulher terá que manter os filhos sozinha.

Não estou dizendo que um casal não deva se separar. Quando não existe mais respeito de um para com o outro, quando o amor acaba ou quando um deles se apaixona por outra pessoa, com toda a certeza, deve haver a dissolução do casamento. Mas, desgastar um relacionamento e chegar a uma separação e desmantelamento da família por causa da falta de dinheiro é muito triste. Mas, se isso ocorrer, quem ficar com a guarda dos filhos menores, terá que ter serenidade suficiente para mantê-los unidos, equilibrados emocionalmente e não permitir que a separação acabe com a auto-estima deles.

Nada é mais importante na vida do que uma família unida, sem discussões, sem intrigas, sem desequilíbrio emocional. Ter uma família "Três Mosqueteiros" é um mérito e um presente de Deus. Você deve estar se perguntando, que tipo de família é essa.

"É um por todos e todos por um".

Não tenho o direito de pedir mais nada a Deus, porque tenho uma família nestes moldes. Quando digo minha família, quero dizer: meus filhos, meu genro e meu neto. Essa é a minha família.

Auto-Estima: Uma Viagem ao Inferno

Abigail Feliciano

Sempre desejei com todas as minhas forças que eu tivesse uma família unida, amorosa e feliz e Ele me atendeu.

Para evitar a separação da família ou perdê-la para sempre é preciso amor, respeito, compreensão, admiração e principalmente muito diálogo, mesmo que às vezes seja necessário "rolar" uns gritos para colocar a casa em ordem.

É triste ver uma família desmoronar porque falta dinheiro, poderia e pode ser diferente. Para isso é preciso demonstrar muita segurança, mesmo que não a tenha, os filhos precisam de pais seguros ou pelo menos um deles. É preciso que haja princípios básicos de moral, ética e religião. É preciso rigidez em determinadas situações e principalmente é imprescindível ser amigo dos filhos.

Falhar, todos os pais, sem exceção, falham. Mas o que importa é não falhar no amor e respeito com os filhos. O que importa é os pais terem coragem de dizerem que falharam, pedirem desculpas e estarem abertos, sempre, para aprenderem e serem diferentes.

Quando se perde a família, perde-se junto com ela a auto-estima e a recuperação leva algum tempo por isso, se esse for o seu caso, convide a sua família para juntos resolverem a situação, sempre há uma saída, pode estar certo disso. Deixe o orgulho ou a vergonha por estar sem dinheiro de lado, reúna a sua família exponha o assunto e peça a colaboração de todos, eles ficarão felizes por poderem ajudar de alguma forma.

E se os filhos forem pequenos? Então, que conversem os adultos, se é que têm interesse, ainda, de ficarem juntos. Porque, se não houver esse desejo, não há conversa que dê jeito e a solução é realmente a separação, mas que seja de forma inteligente, educada e equilibrada. Isso é possível, basta usar de sensatez.

Não perca a auto-estima por estar sem dinheiro. Sei que é difícil ficar alegre, bem-humorado de bolso vazio, então, crie, inove, busque solução.Enquanto se gasta energia física e mental a pensar nos compromissos que tem para saldar, pense em como ganhar o dinheiro para cumpri-los.

Vou contar mais um segredinho e talvez você diga que agora tem a certeza de que sou maluca mesmo, como muita gente já disse, mas tudo bem, vamos lá:

Geralmente os treinamentos nas empresas diminuem em meados de novembro e só voltam a subir por volta de março/abril. E desde 1999, as empresas frearam um pouco os investimentos nessa área (que é uma falha). Felizmente, há empresas que pensam como Bill Gates e agem diferente por isso continuam crescendo, independente da situação do país. Logicamente, meus rendimentos caíram e obviamente comecei a pensar em coisas novas para fazer. Pensando assim, fico atenta a qualquer novidade de mercado e às notícias e entrevistas com pessoas inovadoras.

Foi assim que assisti a uma entrevista com um vendedor de abacaxi fatiado, que tem seu ponto de vendas em frente o Palácio do Governo em Brasília. Pasmem! Ele disse vender trinta e oito dúzias de abacaxis por dia, quando está calor. Façam o cálculo.

Auto-Estima: Uma Viagem ao Inferno
Abigail Feliciano

Pensei, se as empresas continuarem diminuindo o investimento em treinamento, vou vender abacaxi, não necessariamente em Brasília. Já imaginou o tamanho do país? E se tiver que fazer, faço sem nenhum constrangimento e ainda sou capaz de brindar o cliente com uma consulta gratuita na área jurídica.

Coisa de gente maluca, fazer o quê?

Não é só a falta de emprego ou de dinheiro que pode levar a separação da família, existem outras situações que podem levar a isso. Fofocas em família é muito perigoso, o diz que diz, o leva e trás é muito danoso à união da família. Se isso ocorre na sua casa, dê um jeito de acabar com essa situação, mas não será preciso brigar, converse com os familiares, abra seu coração, diga aonde pode levar a família se isso continuar acontecendo.

Também, existem outras atitudes e comportamentos que podem criar mal-estar na família e afastar pessoas queridas, tais como – grosserias constantes, mau-humor, falta de colaboração, indiferença, queixumes, reclamações diárias, falta de elogios, egoísmo, egocentrismo, insatisfação com tudo e outras pequenas situações que desgastam um relacionamento. Mesmo que não haja a separação da família, pode-se observar, em casos semelhantes, que a auto-estima dessa família é baixa.

Tudo isso tem como ser evitado, basta um pouco de boa vontade das pessoas que compõem a família. É preciso usar algum meio para manter a família unida e equilibrada.

Auto-Estima: Uma Viagem ao Inferno
Abigail Feliciano

Depois de refletir muito sobre a melhor solução para evitar conflitos em família e, conseqüentemente, dissabores, descobri que para mim, o melhor meio é afastar por algum tempo e manter contato apenas por telefone e e-mail. Mas, não são todas as pessoas que podem agir dessa forma, porque moram juntos e não têm como se isolar. Nesse caso, faz-se necessário descobrir, de forma criativa, como evitar conflitos em família, caso contrário, todos saem perdendo e a auto-estima vai junto.

Adquira o hábito de dizer coisas alegres e positivas, de elogiar alguma coisa na outra pessoa. Aprenda a levantar alegre com um sorriso nos lábios. Aprenda a ir dormir feliz, afinal, você está indo dormir porque está vivo, isso já é motivo de felicidade. Aprenda a valorizar a sua família, ela é a base de tudo, inclusive de uma sociedade bem ajustada.

Cultive sua auto-estima, e sua família o terá como exemplo e com certeza seguirá seus passos.

AUTO-ESTIMA BAIXA É PREJUDICIAL AO CASAMENTO

A baixa auto-estima pode prejudicar o casamento. Essa afirmação foi demonstrada por estudos feitos pela equipe da pesquisadora Sandra L. Murray da Universidade de Buffalo e da Universidade do Estado de Nova York, nos Estados Unidos.

As conclusões resultam de um estudo no qual pessoas com baixa auto-estima receberam informações falsas sobre os parceiros. Quando os voluntários souberam que os companheiros não gostavam de alguns aspectos deles, quem tinha baixa auto-estima mostrou tendência a decidir que o relacionamento todo estava em risco, disse Murray a Reuters Health.

Pequenos problemas ocorrem em todas as relações normais, explicou a pesquisadora. No entanto, para uma pessoa com auto-estima baixa, as dificuldades transitórias podem ameaçar a sensação de segurança na relação, levando a repulsa do parceiro antes que possa ser rejeitado, explicou a coordenadora do trabalho.

Abigail Feliciano

É como se pessoas que não se valorizam dissessem aos parceiros: "Se você vai me rejeitar, você não serve para mim", informou Murray.

Esse comportamento não é "adaptativo" e pode ter um impacto significativo sobre a saúde da relação, observou a autora. "Tirar uma grande conclusão de um episódio, nem sempre é seguro", disse a pesquisadora.

Os cientistas obtiveram esses resultados em uma série de experimentos feitos com pessoas envolvidas em relacionamentos amorosos.

Na primeira experiência, os pesquisadores testaram a auto-estima de 104 pessoas que mantinham uma relação romântica havia 20 meses, em média. Durante o estudo, a equipe solicitou a alguns voluntários que indicassem os elementos da personalidade que não gostariam que os parceiros conhecessem.

Quando enfrentaram a idéia de que determinados aspectos de sua personalidade não agradavam os parceiros, as pessoas com baixa auto-estima indicaram uma quantidade menor de aspectos positivos nos companheiros e relataram mais ansiedade sobre a relação, em comparação com o grupo com elevada auto-estima.

Na segunda experiência, os autores perguntaram a outro grupo de voluntários, com que freqüência os parceiros pareciam irritados com eles. Com base nas respostas dos participantes, os pesquisadores informaram-lhes que os parceiros não gostavam de determinados aspectos das suas personalidades e que essas incompatibilidades poderiam provocar problemas posteriores mais significativos na relação.

Os autores constataram que as pessoas com baixa auto-estima começaram a questionar a força da relação e a se distanciar dos seus parceiros. Já os voluntários com auto-estima elevada pareceram mais confiantes no afeto dos parceiros, após a experiência, e demonstraram uma estima maior em relação aos companheiros, como resultado das "ameaças" à relação, insinuadas pelos pesquisadores.

Murray explicou a Reuters Health, que pessoas com auto-estima alta são relativamente mais seguras de que os parceiros as valorizam e as aceitam, idéia que ajuda enfrentar os choques emocionais que surgem em uma relação normal.

A REJEIÇÃO LEVA À PERDA DA AUTO-ESTIMA

"Se você não falar do que precisa, como os outros irão saber?".
Madonna

Quando se é abandonado por alguém, a sensação de rejeição é muito grande. A pessoa sente-se inferiorizada, magoada, destruída. Tem dificuldade para respirar, falta o ar, é o verdadeiro caos.

Imagine o que sente uma criança rejeitada, sem poder expressar com palavras a sua dor. A rejeição pode levar à morte, porque a pessoa perde a vontade de viver, o pensamento de autodestruição é latente.

Quando a pessoa é rejeitada por qualquer motivo, advém o medo, o calafrio na espinha, o frio no estômago. A descarga de adrenalina na corrente sanguínea é muito grande e prejudicial à saúde.

rejeição significa: tirar de si, repelir, arrancar, lançar de si, desprezo, desdenho, afastar, apartar.

Tudo isso define rejeição, segundo o dicionário Aurélio.

Quando alguém se sente rejeitado, perde o controle emocional, não consegue discernir mais nada em sua vida. Torna-se medroso e impedido de agir. Fica numa encruzilhada sem saber qual direção tomar. Quando a pessoa é rejeitada por outra, a perda da auto-estima é quase certa.

A criança rejeitada dificilmente será um adulto com auto-estima. Ela cresce com desconfiança, agressiva, introvertida, tímida, mal consegue balbuciar quando conversa com alguém. Tem dificuldade para falar na escola, com vizinhos e de fazer amigos. Ela se torna insegura, não acredita nos elogios que recebe por mais sinceros que estes sejam, sempre se perguntará se a outra pessoa está sendo sincera.

Toda pessoa rejeitada deve ser tratada com muito tato, sutileza e principalmente muito carinho. Precisa de atenção especial, de amor, de "colo". Geralmente, são pessoas boas que não sabem ou não conseguem expressar seus sentimentos.

Com essas pessoas, não adianta o mundo ficar dizendo que ela precisa se amar, se aprovar, que tudo vai passar, isso não ajudará. Ela precisa aprender a confiar no outro e, para tanto, é necessário demonstrar segurança e provar que está ali para ajudá-la. As atitudes e o comportamento seguros é que demonstrarão o desejo de ajudá-las. As pessoas mais indicadas para ajudar alguém neste estado são aquelas que já sentiram o inferno da rejeição e conseguiram transpor este estágio.

Você que foi ou sente-se rejeitado, procure ajuda o mais rápido possível, não fique paralisado esperando que tudo se resolva por si mesmo. Dificilmente, isto irá acontecer e a vida passa depressa demais para ficar esperando que coisas boas aconteçam sozinhas.

Auto-Estima: Uma Viagem ao Inferno
Abigail Feliciano

O primeiro passo para se libertar desse estado ruim é procurar ajuda, não importa onde ou quem, desde que seja o lugar e a pessoa certos.

Esta ajuda pode advir de um padre, pastor, professor, amigo, parente ou terapeuta (este, o mais apropriado) Mas, para que estes possam ajudar é imprescindível pedir, falar do que sente, o que incomoda você.

Para buscar ajuda e para aceita-la, é preciso muita força de vontade. Existem várias formas para encontrar essa força necessária para pedir ajuda. Afine seus ouvidos, abra seus olhos, aguce sua percepção para entender as mensagens da vida. Você pode encontrar a resposta que poderá vir de uma conversa entre amigos, de um livro, numa mensagem bíblica, numa metáfora, em uma palavra que se ouve ao passar por alguém na rua que esteja conversando com outro.

Lá atrás, bem distante, quando eu estava com a auto-estima lá embaixo e minha aparência horrível, observei na rua uma senhora de mais ou menos setenta anos, muito bem vestida, perfumada, com as unhas feitas e com os cabelos bem penteados. Fiquei envergonhada, voltei imediatamente para casa e fui me arrumar um pouquinho. Foi um dos melhores momentos para eu desejar a voltar a encontrar o brilho da vida.

Outra forma de grande ajuda é a metalização constante, firme e positiva. A mentalização de momentos positivos da vida traz resultados benéficos.

Auto-Estima: Uma Viagem ao Inferno
Abigail Feliciano

Com certeza, muitos momentos bonitos e positivos aconteceram e acontecem em sua vida. Pense nesses acontecimentos, talvez não irão se repetir, mas outros irão acontecer. Quem o rejeitou com certeza não era merecedor de sua companhia, seja lá quem for essa pessoa, quem perdeu foi ela, pode acreditar nisso. Toda pessoa que rejeita a outra é por insegurança, por medo, por inveja. Então, porque você vai querer alguém, assim na sua vida?

Pense nas qualidades que você possui. Note quantas pessoas lhe admiram e elogiam. Procure a companhia de pessoas alegres, divertidas, positivas que observam mais o que os outros têm de bom do que os defeitos. Se não estiver com disposição para estar à companhia de ninguém, então fique com você mesmo, você é sua melhor companhia, aprenda como é bom conviver com você mesmo.

As pessoas que têm auto-aceitação são pessoas felizes.

A chave para uma auto-estima elevada é o amor por nós mesmos.

Cuidar da auto-estima é cuidar do sucesso, da felicidade e só nós mesmos é quem podemos fazer isso, nenhuma outra pessoa poderá fazê-lo por nós.

Cuidar da auto-estima é ser bondoso conosco mesmo, é perdoar as nossas fraquezas, é nos vestirmos para nós mesmos e não para satisfazer os desejos de outros.

Muitas pessoas esquecem o valor que têm e vivem em função dos que os outros pensam delas , querendo sempre ser o que os outros desejam que sejam. Lutam por isso e não conseguindo atender essas necessidades, passam a se sentir insignificantes, depreciados e menos queridos, acabando perdendo a auto-estima.

O amor próprio é que possibilita a reconquista da a auto-estima.

SEM SAÚDE, SEM AUTO-ESTIMA

"O terreno é tudo, a bactéria é nada." Louis Pasteur

A pessoa saudável muitas vezes maltrata o próprio físico, não tomando os devidos cuidados para a manutenção da sua saúde. Nem sequer percebe o quanto é importante ser e estar saudável.

Sem saúde não é possível fazer absolutamente nada. Sem ela ninguém consegue trabalhar, estudar, assear-se, namorar, cantar, dançar, contar piadas, sorrir, enfim, fazer as coisas boas da vida.

A saúde deve ser preservada, porque depois de perdida, nem mesmo sabemos se podemos recuperá-la.

Preste atenção no comportamento do seu físico, a qualquer sinal de alerta de que algo não vai bem, procure detectar a causa. Vá ao médico de sua confiança e não à farmácia da esquina. Não tome medicamentos sem orientação médica, isto pode ser muito perigoso.

As pessoas têm o hábito de se automedicarem, inclusive pela facilidade de adquirirem remédios sem receita médica

Remédio significa: remediar

Portanto, não se deve tomar remédios indiscriminadamente, porque esses em vez de curar, podem prejudicar.

Os remédios trazem na bula informações sobre seus efeitos. Tenho o hábito de ler a bula de "cabo a rabo", como se diz popularmente, e se achar que vai me fazer mais mal do que bem, não tomo, procuro logo o médico homeopata.

Um dos maiores bens que a pessoa possui é, sem dúvida, a saúde.

Existem muitos fatores prejudiciais à saúde, tais como:

- bebida alcoólica, fumo, droga, alimentos saturados em gordura, constantes aborrecimentos etc.

Há muitas formas para manter-se saudável. Quanto mais felizes e equilibrados vivermos, menos chances teremos de desenvolver doenças, pois teremos um ótimo funcionamento do nosso sistema imunológico (defesas naturais). Se estivermos equilibrados, as bactérias e os vírus não poderão nos atacar, a menos que tenhamos o terreno propício para o desenvolvimento de determinada doença.

Para se manter saudável é preciso ter reações corretas aos fatos da vida, sem desesperos, sem aflições demasiadas, bom-humor, sorrir sempre, pensamento positivo, autocontrole emocional, transmutar mágoas em perdão, desespero em esperança, ódio em amor. Não reagir e sim agir.

Não se deve esquecer de que amizades sadias, lazer, conversas agradáveis colaboram muito para estarmos sempre bem e mantermos o equilíbrio físico, mental e emocional.

É muito importante não permanecer junto de pessoas negativas, que vivem falando de doenças, mortes, violência, que estão sempre com um remédio nas mãos e prontas para indicarem para o outro, que tomam medicamentos como se isso fosse a coisa mais agradável do mundo. Se você conhece alguém assim e não pode afastar-se dele, mude de assunto, fale de coisas boas, alegres, descontraídas, não mencione doenças ou dores.

O cérebro registra tudo, assimila e de repente você vai estar sentindo algum mal-estar ou alguma dor.

A perda da saúde leva à perda da auto-estima e o inverso também é verdadeiro. Cuide de sua saúde, dê atenção especial a ela e agradeça por estar saudável.

Dicas para manter a saúde:

1. Faça todos os dias um relaxamento
2. Faça exercícios de respiração
3. Tenha uma alimentação equilibrada
4. Tome muita água
5. Pratique algum esporte
6. Tenha algum hobby
7. Cante, mesmo que seja no banheiro
8. Aprenda algo novo
9. Use sempre palavras e frases positivas
10. Tente estar sempre em companhia de pessoas alegres e felizes.

"A saúde é uma conquista de cada instante".
Dr. Jorge Fernandes

O ESTRESSE CONSTANTE LEVA À PERDA DA AUTO-ESTIMA

Muitas pessoas pensam que o estresse é algo novo, da era da informação. Mero engano, o homem da caverna também tinha estresse porque precisava de estímulos para lutar ou se defender das tempéries da época. O estresse pode ser bom ou ruim, positivo ou negativo e todos nós temos.

O estresse é uma reação do organismo aos estímulos internos ou externos para a luta, defesa física, mental ou emocional na vida pessoal e profissional. Nos dias atuais, não fugimos ou lutamos contra as feras, como na idade da pedra, mas a luta diária da sobrevivência, da defesa de todos os perigos que assolam o mundo.

O estresse, quando é positivo, impulsiona em direção a concretização dos objetivos e o nível de adrenalina é adequado a esses estímulos. Quando é negativo gera um nível excessivo de adrenalina na corrente sangüínea, levando a pessoa a um colapso físico, mental ou emocional e tende a desequilibrar todo o funcionamento desses níveis energéticos.

Auto-Estima: Uma Viagem ao Inferno
Abigail Feliciano

O estresse constante desequilibra a pessoa emocionalmente, e pode trazer distúrbios físicos e orgânicos e, conseqüentemente, a perda da auto-estima, pois a pessoa está sempre doente e, com razão, sempre reclamando de sua falta de saúde e por lamentar, começa a receber críticas e, assim, sua auto-estima começa a baixar. É um círculo vicioso.

Se você está se sentindo pressionado pela vida, com medo de ficar desempregado, inseguro para sair na rua, preocupado com a segurança ou o futuro dos seus filhos, e tudo isso está deixando você sem forças para continuar, aplique algumas regrinhas bem simples na sua vida, que tenho certeza que muita coisa vai melhorar.

Regra nº 1:

Levantar antes do nascer do sol para poder observá-lo. (mais bonito que o nascer do sol, somente os nossos filhos)

Regra nº 2:

Dar bom dia para todas as pessoas que encontrar (mesmo que não as conheçam)

Regra nº 3:

Exercícios físicos (preferencialmente, antes de ir para o trabalho)

Regra nº 4:

Trabalhar com prazer (não, apenas como obrigação)

Regra nº 5:

> *Ser solícito para com as pessoas (não esperar que peçam)*

Regra nº 6:

> *Agradecer pela vida, pela saúde, pelos filhos, pelos amigos, por ter um lugar para voltar depois do trabalho.*

Regra nº 7:

> *Sorrir sempre, até do tombo que levou na rua (é claro, se não quebrou nada).*

Depois é só dizer ADEUS ao estresse negativo e levantar a auto-estima.

PORQUE TER AUTO-ESTIMA NA ADOLESCÊNCIA

Ser jovem é ter o mundo a seus pés. Abigail.

Todas as idades têm sua beleza, mas a adolescência é o encanto da vida. É o tempo da preparação para a realização de muitos sonhos, como o de passar no vestibular, de viajar sozinho, de fazer novos amigos, de se apaixonar, de tirar a carteira de habilitação e de muitas coisas novas.

Para tantos sonhos, é preciso a colaboração de adultos equilibrados, de amizades sadias, de pais amigos. Infelizmente, a maioria dos jovens de hoje não quer nada disso, quer mais que os pais fiquem bem longe deles, se envolve com amigos pouco recomendáveis e vai em busca de adrenalina nada saudável.

Nesta fase, os jovens estão cheios de vida e de sonhos. É preciso deixar que sonhem, vivam livres e descontraídos, dentro de um limite que não os prejudique. Nessa idade, os pais devem ser amigos, mas firmes em suas atitudes.

Compreendidos, amados e respeitados (quando merecem) na adolescência, tornam-se adultos com a auto-estima em alta. Serão jovens adultos felizes.

Auto-Estima: Uma Viagem ao Inferno

Abigail Feliciano

Você, adolescente que perdeu a sua auto-estima, não fique no fundo do poço, seja forte, corajoso, sonhador. Agarre-se aos seus objetivos, em algo criativo, útil, agradável e vá curtir tudo de melhor que a vida proporciona nesta idade.

Não fique se preocupando com coisas que não trazem nenhum benefício, enxergue o que você tem de mais bonito, que é a sua idade. Tenha certeza, nenhuma outra será tão cheia de encantos quanto a adolescência. Você está na fase mais bonita da vida, na qual quase tudo é possível.

Saiba conduzir de maneira inteligente e graciosa a sua adolescência, tire o máximo que puder dessa fase. Desfrute de forma positiva essa idade e será recompensado na fase adulta.

Muitos adolescentes perdem a auto-estima e são rotulados pelos adultos de "aborrecentes", termo de muito mau gosto, e esquecem que também já foram adolescentes.

Curta sua juventude, faça dela o melhor que puder, tenha grandes emoções, sem droga, sem álcool, sem fumo, sem promiscuidade.

Vá em busca de uma vida emocionante, mas sadia. Não desperdice esses anos encantadores perdendo a auto-estima, você pode quase tudo, sua idade permite muito mais do qualquer outra.

Tudo na adolescência fica bem, gracioso. Existem algumas coisas que exigem moderação, bom senso, tudo na vida precisa de um equilíbrio, os extremos só trazem aborrecimentos e desagrados.

Aprenda a curtir sua graça, seu encanto, seu carisma. Vá em frente com sua auto-estima em alta e na fase adulta os seus sonhos serão concretizados com muito mais facilidade.

A LEALDADE ELEVA A AUTO-ESTIMA

A Beleza e a Lealdade

*Um dia, a Beleza e a Lealdade
encontraram-se numa praia.
E disseram uma à outra:
- Banhemo-nos no mar.
Então, tiraram as roupas e
puseram-se a nadar nas águas.
E, após algum tempo,
a Lealdade voltou à praia,
vestiu-se com os trajes da Beleza,
e foi-se embora.
E a Beleza também voltou do mar,
não encontrou suas roupas e,
por vergonha de ficar nua,
vestiu a roupa da Lealdade.
E seguiu seu caminho.
E, de então até agora,
alguns homens e mulheres enganam-se,
tomando uma pela outra.
Contudo, alguns tinham visto a face da Beleza
e a reconhecem, apesar de seu vestuário.
E alguns conhecem a face da Lealdade,
e as roupas da beleza
não a ocultam a seus olhos.*

Khalil Gibran

A lealdade é uma questão decisiva para qualquer relacionamento, seja, de amizade, de família, amoroso ou profissional.

Quando convivemos com pessoas leais, nossa auto-estima se eleva, porque a lealdade é um sinal de verdadeira amizade e, quando temos um verdadeiro amigo na família ou no casamento, sentimo-nos seguros, tranqüilos e em paz em nosso relacionamento.

A lealdade não é um valor externo, é sinceridade conosco mesmo. Se não formos leais aos nossos princípios morais, éticos e crenças não seremos leais com nossos amigos, filhos, irmãos, pais, cônjuges, colegas de trabalho ou chefes e subordinados.

Lealdade não é uma questão de lei é uma questão de comportamento de padrões éticos da pessoa.

Se não houver lealdade em qualquer relacionamento, não há sinceridade e passa ser um mundo falso, calcado em mentiras.

A pessoa desleal é egoísta e está apenas preocupada consigo mesmo, e não se importa da dor que pode causar ao outro.

A vítima da deslealdade perde a auto-estima porque foi desrespeitado no mais puro dos sentimentos – o amor.

Ela fica triste, magoada, se sente agredida emocionalmente e com todos esses sentimentos feridos começa a perder a auto-estima, e quanto mais tenta entender a atitude da outra pessoa, mais sofre, porque lealdade é uma questão de caráter, é respeito, confiança, fidelidade.

Auto-Estima: Uma Viagem ao Inferno
Abigail Feliciano

Quando possuímos todos esses atributos fica muito difícil, quase impossível entender que alguém querido e de nosso relacionamento possa ter agido com deslealdade.

Deslealdade é fingimento, é possuir valores insignificantes, portanto, se você perdeu a auto-estima porque alguém foi desleal com você comece a procurar meios de sair dessa situação.

Comece a refletir sobre os sentimentos perniciosos dessa pessoa, pense no egoísmo dela, no seu fingimento, na sua falta de caráter. Pense tudo de ruim sobre ela, quanto mais comportamentos ruins você conseguir atribuir a ela, menos mal você irá se sentir porque você começará a perceber que pessoa maravilhosa você é : - amiga, sincera, confiável, honesta, portanto, leal. Então, porque vai querer alguém com caráter defeituoso fazendo parte da sua vida. Pense nas pessoas leais que você tem ao se lado. Dedique-se a elas, vale a pena sermos leais com as pessoas do nosso relacionamento, isso não nos dá trabalho, porque podemos ser francos, olhar nos olhos delas com segurança, podemos estar de coração aberto e com a consciência tranqüila. É muito bom ser leal.

Não perco meu tempo com pessoas desleais, simplesmente me afasto, esqueço que existem e fortaleço cada vez mais esse valor em meu coração.

Às vezes, é muito difícil dizer a verdade, mas por mais dura que seja deve ser dita.

Ninguém gosta de ser alvo de deslealdade, então vamos ser leais, querendo para as pessoas do nosso relacionamento o que desejamos para nós mesmos.

Se você está com a auto-estima em baixa, porque foi traído por alguém, procure fazer coisas que tragam emoções positivas, sentimentos transformadores em nossas vidas. Quando estamos de bem conosco mesmo, o cérebro libera, na corrente sangüínea, hormônios que nos dão prazer e proporcionam bem-estar. Portanto, cuide de seu pensamento, procure não pensar a todo o momento sobre coisas desagradáveis, não dê "asas" a sua imaginação. Que ela seja muito fértil, mas de sonhos e de desejos de novas conquistas.

Leia a letra da linda canção de Caetano Veloso e se puder ouça a música e sinta-se feliz por você ser leal, e saiba que não somos responsáveis pela deslealdade do outro.

Lealdade

Serei

serei leal contigo

Quando eu cansar dos teus beijos

te digo

E tu também liberdade terás

P'ra quando quiseres, bater a porta

sem olhar para trás

Serei

serei leal contigo

Quando eu cansar dos teus beijos

te digo

E tu também liberdade terás

Auto-Estima: Uma Viagem ao Inferno
Abigail Feliciano

> *Pra quando quiseres, bater a porta*
> *sem olhar para* trás
> Se o teu corpo *cansar dos meus braços*
> *Se o teu ouvido cansar da minha voz*
> *Quando os teus olhos cansarem dos meus olhos*
> *Não é preciso haver falsidade entre nós*
> *Serei*
> *serei leal contigo*
> *Quando eu cansar dos teus beijos*
> *te digo*
> *E tu também liberdade terás*
> *Pra quando quiseres, bater a porta*
> *sem olhar para trás*
> *Caetano Veloso*

ENVELHECIMENTO COM AUTO-ESTIMA ELEVADA

"A mola que aciona todos os seres humanos é o prazer, um produto cerebral". Dr. Salomão Chaib

Quando os primeiros fios de cabelos brancos começam a aparecer, quando os mais jovens já não dirigem olhares desejosos, quando chamado de tio ou tia, a pessoa começa a se preocupar com a idade. Começa uma corrida louca contra o tempo, sem se aperceber que este é implacável com todos, sem exceção.

O medo do envelhecimento faz algumas pessoas caírem no ridículo, querem ser jovens a qualquer preço. Isso não quer dizer que a pessoa não tem que se manter em forma, saudável, alegre, descontraída, praticar esportes, dançar, casar, brincar. Tudo deve ser e é permitido em qualquer idade, dentro do limite de resistência de cada um.

O que deve ficar claro é que desde o nascimento já estamos envelhecendo a cada dia vivido, nada vai impedir a natureza. A consciência do envelhecimento é muito importante para não se perder a auto-estima.

Quando a pessoa olha atentamente o espelho e já atingiu a fase dos quarenta anos sem a consciência de que este processo é natural a todos, o conflito é muito grande. Começa então, a perder a esperança na vida. Mesmo que a pessoa tenha vigor, se não atentar que o envelhecimento é um processo natural, não vai conseguir continuar se amando e, principalmente, se aprovando.

Para não perder a auto-estima juntamente com a juventude, é preciso a aceitação natural desse processo. Quando não se tem consciência disso, surge a depressão, a instabilidade emocional. Começa o desespero em busca da juventude que se esvai. Começam os esforços exagerados para demonstrar juventude e, quando se percebe que algumas coisas não dão resultado, vem a angustia, a ansiedade, a obsessão para se manter jovem.

Isso, felizmente, não ocorre com todas as pessoas, apenas com as que não aceitam esse fato natural da vida.

Não é fácil envelhecer, não é engraçado. Ninguém, com certeza, gostaria de envelhecer, mas só há duas saídas na vida, ou morrer jovem, ou envelhecer com dignidade, com sabedoria. Somente assim a pessoa continuará a se amar.

Todas as idades são bonitas quando bem vivenciadas. De que adianta ser jovem e passar a vida em branco, sem ter feito nada, sem ter dado nenhuma colaboração ao mundo, por menor que seja.

Para não perder a auto-estima em decorrência da idade, é necessário aceitá-la, não se deixar envelhecer. É saber que o espírito não acompanha a decadência do corpo, ao contrário, adquire muito mais discernimento, maior refinamento intelectual e mais sabedoria.

Não vamos falar de mais experiência, porque como dizia Pedro Nava: "Experiência é como o farol de um carro que ilumina para trás".

No envelhecimento, o que conta é o conhecimento, principalmente, de coisas novas, é estar atualizado, é acompanhar as mudanças do mundo. Não se deixe envelhecer mentalmente.

Se você perdeu a auto-estima por estar envelhecendo ou ter envelhecido, lute! Você vai conseguir. Use técnicas adequadas, comece por assumir sua idade, você é uma pessoa privilegiada, pois, está viva e, com certeza, prefere o envelhecimento à morte.

Faça essa pergunta a você mesmo: preferiria morrer jovem, bonito e saudável? Tenho certeza de que respondeu não com muita convicção. Lembre: alguém precisa de você, seus familiares, seus filhos, seus netos, seus amigos etc.

Depois de certa idade, a pessoa está mais liberta de futilidades, não está mais vulnerável a paixões explosivas, ama com mais sensatez.

Com certeza, daqui a alguns anos, a ciência descobrirá fórmulas para evitar o envelhecimento. Enquanto isso não acontece, vamos usar o que está a nossa disposição no mercado, cosméticos de ultima geração, juntamente com exercícios físicos, boa alimentação e bom-humor para nos mantermos bem fisicamente e mentalmente.

O envelhecimento mental começa quando se perde o entusiasmo, o interesse pelas pessoas, quando se evita o convívio familiar e dos amigos. Direcione suas energias para manter o seu vigor, não permita que sua alma envelheça.

Levar uma vida produtiva, sempre em evolução, é essencial para a auto-estima no envelhecimento. Se uma pessoa não faz nada , não se dedica a alguma atividade, as chances de ter auto-estima elevada diminuem.

A Annals of Behavioral Medicine publicou, em agosto de 2000, o resultado de um estudo que avaliou a auto-estima de adultos entre 65 e 75 anos, onde foi concluído que exercícios aeróbicos de alongamento e musculação têm valor similar no aumento da auto-estima com mais idade.

Nesse estudo, os participantes fizeram parte de um programa de exercícios de alongamento, musculação e caminhadas pelo shopping local, três vezes por semana durante seis meses.

Os participantes eram predominantemente, obesos, brancos, mulheres, com bom nível educacional, com baixa adequação cardiovascular e sedentários.

Antes de iniciar o programa, todos passaram por um exame psicológico e responderam questionários que avaliaram sua auto-estima, auto-percepção e auto-suficiência.

Durante o programa, a auto-estima geral aumentou em ambos os grupos, o de alongamento, musculação e caminhada, embora, o primeiro tenha apresentado resultado mais acentuado.

Foram apresentados, em ambos os grupos, melhorias relacionadas à força, condição física e imagem, proporcionais à freqüência dos exercícios.

Seis meses após o término do programa, os níveis de auto-estima se reduziram em ambos os grupos, principalmente o da caminhada.

"Descobrimos que, a participação em programas de exercícios de alongamento/musculação ou em exercícios aeróbios pode aumentar a auto-estima", afirma Edward McAulley, Ph.D., do Departamento de Cinesiologia da Universidade de Illinois em Urbana-Champaign. *"Entretanto, esses ganhos podem desaparecer com o tempo, logo, é importante incentivar os idosos a continuar as atividades físicas após o término do programa".*

Os pesquisadores sugerem, que exercícios de acompanhamento, grupos de colegas, telefonemas e lembretes podem auxiliar as pessoas mais velhas continuarem a se exercitarem e a manterem a auto-estima elevada.

Siga algumas regras importantes e você sempre estará jovem sem se preocupar (muito) com a idade cronológica.

1. Sorria sempre.
2. Procure companhia de pessoas alegres e positivas.
3. Seja ousado e faça alguma coisa diferente.
4. Participe em clubes, associações, qualquer coisa que goste de fazer.
5. Cante e dance muito.
6. Tenha sempre a mente ocupada com algo positivo
7. Aceite ser amado e ame muito.

8 Não se prive da convivência familiar e de amigos verdadeiros

9 Tenha prazer em tudo que faz.

10 Lembre-se de que existem jovens velhos e velhos jovens.

Praticando essas etapas, você deixará de se preocupar com sua idade cronológica e perceberá que a vida começa todos os dias, a cada nascer do sol. O prazer de viver está dentro de cada um e de como aprende a desfrutar tudo o que há de bom e belo no universo.

A AGRESSÃO LEVA À PERDA DA AUTO-ESTIMA

Outros fatores negativos que levam a perda da auto-estima são a agressão física, moral e verbal.

Quando a pessoa é agredida fisicamente, moralmente ou verbalmente, sua primeira reação é revidar, mas esta não é uma atitude inteligente e equilibrada como também não é válido "dar a outra face"

Nada dá direito de qualquer pessoa agredir a outra, nunca aceite nenhum tipo de agressão, não admita isso em sua vida.

Se isto acontecer com você, não revide, afaste-se dessa pessoa para sempre, esqueça que ela existe, não dê crédito a um suposto arrependimento com a promessa de que não fará mais isso, porque na próxima oportunidade que tiver irá agredir novamente.

Pessoas assim precisam de tratamento médico, psiquiátrico ou terapêutico e, se você não for profissional da área, nada poderá fazer para ajudar. Não perca seu precioso tempo com pessoas assim, não se desgaste, não consuma sua energia, a qual poderá ser usada em coisas positivas e produtivas para melhorar sua vida.

Auto-Estima: Uma Viagem ao Inferno
Abigail Feliciano

Pessoas que agridem outras fisicamente ou verbalmente são qualificadas por psicólogos como "paranóides". Dizem que são ciumentas, invejosas e têm idéia exagerada de sua própria importância. Costumam descarregar seus conflitos sobre as pessoas mais próximas, mas quase sempre recuam diante de uma atitude firme.

Devemos impedir o acesso de pessoas agressivas, não devemos aceitar a agressão em nenhuma de suas formas.

A agressão quando repetida leva à perda da auto-estima. É preciso estar ao lado de pessoas positivas, bem-humoradas, que possuam personalidade equilibrada.

O tempo é o que temos de mais precioso na vida, não podemos desperdiçá-lo com pessoas negativas.

Compete-nos como condição de sobrevivência usar a inteligência para construir uma barreira que defenda a nossa mente da vulnerabilidade da agressão, impedindo que nosso tempo seja consumido com pessoas dessa extirpe.

Devemos estar determinados a nos desvencilhar dessas verdadeiras sanguessugas do nosso tempo e do nosso bem-estar.

Quando a pessoa é agredida moralmente, sente-se inferiorizada, submissa, sem capacidade de reconhecer seu valor. A agressão moral consome energias e a vontade de lutar por objetivos desejados.

"Moral", segundo o dicionário Aurélio, é o conjunto de regras e conduta ou hábitos, julgados válidos para qualquer tempo ou lugar, para grupo ou pessoa determinada. Portanto, quando violada qualquer regra ou conduta válida para a pessoa, ela sente-se agredida moralmente.

Para exemplificar:

Se um chefe aponta falhas de um subordinado diante de outros funcionários e não a portas fechadas, estará violando uma regra de conduta e humilhando seu funcionário.

Outro exemplo de agressão moral é o marido ou a mulher, companheiros, amigos ou qualquer outro relacionamento pessoal, apontarem defeitos do outro perante outrem. Isso é muito comum acontecer.

Não aceite pessoas assim em sua vida. Só permita o acesso de pessoas que proporcionem alegria, respeito, carinho, amor e que permutem com você coisas boas na vida pessoal e profissional, elas ajudam a manter a auto-estima e fica mais fácil seguir a jornada da vida.

COMO READQUIRIR A AUTO-ESTIMA

"A realidade de hoje, foi o sonho de ontem. O sonho de hoje será a realidade do amanhã. E em todas as épocas zombou-se dos sonhadores." (autor desconhecido)

Para quem perdeu a auto-estima, não adianta ficar falando, dando exemplos de pessoas felizes, bem sucedidas, alegres e outros atributos. Geralmente, o que acontece nesse caso é a pessoa ficar mais depressiva, magoada e até mesmo com raiva.

Quando se perde a auto-estima a pessoa não quer ouvir muitas histórias, não que ouvir nada. Ela quer estar só porque está sem paz, angustiada, sofrendo.

A perda da auto-estima traz dor na alma, a vida perde o brilho, as pessoas parecem chatas, as conversas perdem o sentido, as crianças perdem a graça, a música não diz nada, o canto dos pássaros é desapercebido, as flores ficam sem cores, enfim, a vida tem gosto de "nada".

Quando se perde a auto-estima, inicia-se uma queda livre em direção ao fundo do poço. Bate-se a porta do inferno. É necessário detectar o motivo e dar inicio à interceptação dessa queda, porque no fundo do poço a subida se torna mais difícil, a escalada é demorada, por isso tem de ser interrompida a qualquer preço e, tenha certeza, não sai barato, mas sair do fundo vale a pena. A saída é o maior presente

, pois é o próprio renascimento para uma nova vida, com muito mais conhecimento, amadurecimento, compreensão e discernimento.

A reconquista da auto-estima é voltar para a vida. Se você perdeu a auto-estima, comece agora a trabalhar para reconquistá-la, não deixe para amanhã, para outro dia, o momento é este, não deixe escapar esta oportunidade.

Vá para diante do espelho e observe sua expressão facial. Se estiver sério, tente dar um pequeno sorriso. Se não conseguir puxe com as mãos os cantos dos lábios forçando um sorriso. Pronuncie a consoante x ou diga a palavra giz. Force, você conseguirá.

Não olhe para trás, olhe bem dentro de você e veja quantas coisas boas e bonitas moram no seu interior. Tente projetar tudo isso para os seus sonhos, para os seus desejos positivos.

Utilize o recurso da mentalização e reação cerebral.

Faça o seguinte:

- ❐ Pão de Açúcar no Rio de Janeiro ou você assistindo a Copa? Comece a se ver mentalmente sorrindo, cantando, dançando – pode ser na chuva – fazendo coisas que sempre desejou fazer e nunca teve coragem para realizar.

- ❐ Pense que está dentro de um avião, navio ou trem, viaje mentalmente. Vá para onde sempre desejou. Conheça as maravilhas do mundo.

Auto-Estima: Uma Viagem ao Inferno

Abigail Feliciano

Visualize-se em Las Vegas com todas aquelas luzes, ou em Holywood, talvez na Índia conhecendo a maior expressão de amor por uma mulher, o Thaj Marral, as pirâmides do Egito, o Coliseu em Roma ou o Pantanal, a pororoca no Rio Amazonas, o mundo na Alemanha ou qualquer outra coisa que desejar fazer ou conhecer.

Você verá que quando sair desse estado estará se sentindo bem melhor. O nosso cérebro acredita nas imagens que fazemos e reage de acordo com os nossos pensamentos. Se pensarmos em coisas tristes por algum tempo, logo estaremos tão deprimidos que poderemos chegar às lágrimas. Se pensarmos em coisas agradáveis e positivas, estaremos liberando endorfinas, responsáveis pelo bom humor e prazer.

Outro segredinho para você: Sempre tive algumas vontades malucas (muita gente tem, mas falta coragem para assumir) e uma delas foi passar em frente a uma casa de discos em uma rua bem movimentada e dançar ao som da música, ir embora e olhar para trás para ver a reação das pessoas.

Você deve estar pensando: Será que ela dançou, ou só ficou na vontade? Qual o que! Dancei, e foi um tango nas ruas de Buenos Aires, pelo menos lá, ninguém me conhecia. Claro que foram somente alguns passinhos, mas realizei meu "sonho maluco".

Faça outro exercício:

Escreva sobre você. Suas qualidades, defeitos, comportamentos, conhecimentos, crenças, desejos etc...

Agora escreva sobre o que você deseja mudar.

Leia as duas anotações e escreva em outra folha somente o que mudaria para agradar apenas você.

O resultado desse exercício é surpreendente. Perceberá que a maior parte das coisas que gostaríamos de mudar é para agradar outras pessoas e não a nós mesmos. E o que devemos aprender, definitivamente é que só podemos amar outras pessoas se, primeiramente nos amarmos.

Pense! Você é uma pessoa especial, querida por muitas pessoas, talvez nem saiba disso, mas tem muita gente que gosta de você e o melhor, com seus defeitos e qualidades.

Se não sentiu nenhuma vontade de praticar nenhum dos exercícios anteriores, tente essa técnica, preferencialmente quando for dormir.

Visualize-se sentado em uma poltrona no cinema assistindo a um filme de toda a sua trajetória de vida. Suas alegrias e tristezas. Observe o cenário dos acontecimentos e as pessoas participantes, ouça os sons, note as cores.

Abra rapidamente os olhos e observe onde você está, concentre-se em algo que chamou sua atenção.

Inspire profundamente pelas narinas e expire pela boca.

Feche novamente os olhos e pense somente nos acontecimentos bons de sua vida. Tente congelar a imagem do momento de maior emoção e feche firmemente sua mão direita se for destro ou a esquerda se for canhoto e inspire e expire pelas narinas abrindo juntamente a mão, sempre mantendo a imagem.

Procure dormir. O resultado quando acordar será muito gratificante.

Tente. Persista, não desista.

A parábola da rosa

> *Um certo homem plantou uma rosa e passou a regá-la constantemente e, antes que ela desabrochasse, ele a*
>
> *examinou.*
>
> *Ele viu o botão que em breve desabrocharia, mas notou espinhos sobre o talo e pensou: Como pode uma bela flor vir de uma planta rodeada de espinhos tão afiados?*
>
> *Entristecido por este pensamento, ele se recusou a regar a rosa, e, antes que estivesse pronta para desabrochar, ela morreu.*
>
> *Assim é com muitas pessoas.*
>
> *Dentro de cada alma há uma rosa: as qualidades dadas por Deus e plantadas em nós, crescendo em meio aos espinhos de nossas faltas.*
>
> *Muitos de nós olhamos para nós mesmos e vemos apenas os espinhos, os defeitos.*
>
> *Nós nos desesperamos, achando que nada de bom pode vir de nosso interior. Nós nos recusamos a regar o bem dentro de nós, e, conseqüentemente, isso morre.*
>
> *Nós nunca percebemos o nosso potencial.*

Sete regras para reconquistar a auto-estima

    1 Desviar qualquer pensamento negativo;

    2 Fugir de pessoas pessimistas, mau-humoradas e queixosas;

    3 Assistir filmes e programas de televisão alegres;

    4 Programar objetivos (viagens, compra de carro, casa etc);

    5 Caminhar muito;

    6 Mentalizar e dizer palavras positivas;

    7 Conversar com Deus.

MUDANÇA DE PARADIGMA

Paradigma é uma palavra que vem do grego e significa regra, modelo, padrão.

A maioria das pessoas segue um mesmo modelo de comportamento, tem o mesmo padrão em determinadas situações. Na busca de soluções para situações diferentes, segue a mesma regra, ou seja, o mesmo paradigma.

Quantas vezes tentamos encontrar a solução para algum problema, por mais que pensemos não a encontramos, e de repente, alguém diz faça assim ou se fosse você, eu faria dessa forma. E pronto, achamos a solução que nos parecia tão difícil. Sabe por quê?

Quando estamos dentro de um paradigma, não conseguimos enxergar outros meios para resolvermos o nosso problema, é como se estivéssemos dentro de um buraco e só conseguíssemos olhar ao redor deste, mas não conseguimos enxergar para fora do buraco. Com os nossos paradigmas, acontece a mesma coisa, sempre precisamos de outrem para nos dar a "dica" de como fazer.

Para mudar de paradigma é preciso ser persistente e flexível. A pessoa persistente tenta encontrar uma solução para o que deseja e, não obtendo resultado positivo, usa de flexibilidade, muda o paradigma e alcança, com certeza, o resultado esperado.

A pessoa teimosa faz tudo igual. Tenta, erra, tenta de novo, erra de novo, e assim sucessivamente, até ficar exausto de tanto lutar pela mesma situação, e acaba desistindo. Isso acontece quando a pessoa não sabe a diferença entre persistência e teimosia.

A pessoa persistente, tenta, se errar ela muda o paradigma, ou seja, muda o modelo que estava usando, tenta novamente e dessa vez acerta.

Usar de flexibilidade significa que a pessoa deve buscar meio diferente para encontrar a solução desejada, significa usar um novo modelo de comportamento para fazer o que precisa ser feito. Para readquirir a auto-estima é necessário mudar o paradigma da sua vida.

Comece fazendo um teste de flexibilidade, respondendo a seguinte pergunta:Quando estudante, você senta ou sentava na mesma carteira?

Se a resposta foi negativa, parabéns! Se foi positiva, comece a ser mais flexível, experimente e veja como a flexibilidade traz bons resultados.

Faça um teste de flexibilidade:

- ❏ Quando sair de casa mude de caminho, nem que seja somente de calçada, se estiver a pé.
- ❏ Se for comprar pão mude de padaria.
- ❏ Se for colocar gasolina no carro mude de posto.

Auto-Estima: Uma Viagem ao Inferno
Abigail Feliciano

Mas mude hoje alguma coisa na sua vida que você faz sempre do mesmo jeito e verá como vai descobrir coisas interessantes, pessoas diferentes, pão com outro sabor e assim por diante.

Faça um teste para saber o quanto você se ama:

Se você é fumante, apague o cigarro neste exato momento, se estiver fumando, ou não acenda e deixe de fumar por uma hora. A cada momento que sentir vontade de acender o cigarro, conte no relógio e diga, só faltam tantos minutos. Se conseguir, ótimo, aplausos para você.

Agora, faça um teste para saber o quanto você se aprova:

Você já desejou ou deseja fazer uma cirurgia plástica só porque recebe crítica?

Se a resposta foi negativa, significa que você além de ter uma personalidade firme se aprova de verdade. Parabéns!

É um teste de aparência física para facilitar a resposta, porque se aprovar deve ser externa e internamente.

Lembrando que é válida uma cirurgia plástica quando algo não nos agrada e que é muito importante uma mudança interna quando não estamos satisfeitos com o nosso comportamento e nossas atitudes.

Faça uma lista de seus defeitos e suas qualidades. Ficará surpreso, porque descobrirá muito mais qualidades do que defeitos, mas será necessário usar de bastante sinceridade com você mesmo.

Se você deseja fazer alguma mudança física e não tem condições financeiras para isso, recorra a algum truque de qualquer natureza.

Se por exemplo, tiver um nariz de que não goste muito e sua situação financeira não permite que faça uma cirurgia plástica, a saída é começar a aprová-lo porque não poderá escondê-lo.

Realce, então, outras partes do rosto: os olhos, a boca, dentes, chame a atenção para o que você tem de mais bonito.

Todas as pessoas têm alguma coisa bonita, às vezes está escondida, basta realçá-la. Se o rosto não for tão bonito, realce as pernas, as mãos, os cabelos, qualquer parte do corpo. Hoje, isso é muito fácil, com tantas academias que existem.

Use de alegria, bom-humor, simpatia, abuse do seu carisma ou do seu charme, e o que você acha feio passará a ser bonito para as outras pessoas.

O mais importante é a mudança de comportamento.

"Por que quero ser eu mesmo se posso ser alguém muito melhor?" Richard Bandler

O INÍCIO DA ESCALADA

Com um estado mais animado, nem que seja só um pouquinho, a queda foi interrompida. Começa, agora, a vontade de escalar o poço, chegar à borda, ver a luz, ser livre novamente.

Comece a imaginar você em um estado equilibrado, feliz, alegre, identifique alguém que conhece neste estado e se não conhecer encontre em sua lembrança um ídolo, eu ajudo você.

Lembra-se de Mahatma Gandi?

Um homem grandioso que passou pelo planeta deixando marcas inesquecíveis. Teve a audácia e a coragem de querer seu país livre sem o uso de armas. Utilizou apenas o equilíbrio espiritual, a cultura, o amor, a humildade, a flexibilidade e a persistência.

> *"Dificilmente, os jovens acredtirão que esxitiu neste século um homem como Mahatma Gandhi". Albert Einstein*

Ah! Você não admira Mahatma Gandi? Não importa.

Lembra-se de John Lennon?

Um músico fantástico que cantou o amor, a união e a paz mundial. Que lutou pelo amor de uma mulher contra a maior potência do mundo – os Estados Unidos da América – para que a mulher amada pudesse permanecer ao seu lado, naquele país.

Determinado, persistente e iluminado irradiava amor nas canções.

Lennon também não serve?

Que tal Martin Lutter King, Francisco Cândido Xavier, madre Tereza de Calcutá, João Paulo II? Também, não?

E o maior homem do mundo, Jesus!

Acredito que encontrou alguém, mas se não conseguiu, comece a observar as pessoas no ônibus, no metrô, no avião, no trânsito, no trabalho, na escola, seus familiares, amigos, vizinhos; você vai encontrar alguém para se identificar.

Quando encontrar essa pessoa, use de empatia, isto é, coloque-se no lugar dela e tente sentir o estado emocional equilibrado dela, nem que seja só por um minuto. Experimente.

Quando atingir este estado emocional equilibrado faça perguntas;

- Como essa pessoa adquiriu este estado equilibrado?
- Quais os métodos que usa?
- Quem a ajudou?
- Ela foi sempre assim?

Se por acaso conhecer a pessoa, vá em frente, pergunte a ela, diga que precisa de ajuda e que suas respostas irão colaborar para que você readquira sua auto-estima. Fique tranqüilo, ela ajudará com prazer, porque todas as pessoas de bem com a vida têm o dom de colaborar e são as mais indicadas para ajudá-lo a dar mais alguns passos em direção à auto-estima.

Você deve estar pensando: onde vou conseguir coragem para pedir ajuda? O que vão pensar de mim? E a minha posição, como fica?

Coragem! Faça um pequeno esforço e, acredite, ela não pensará nada disso, apenas sentirá prazer em ajudá-lo. Como já disse e volto a repetir: toda pessoa de bem com a vida tem prazer em ajudar outras pessoas.

Se preferir, prepare um clima para fazer perguntas. Convide-a para tomar um café, um chá, um lanche, mas somente se tiver vontade, caso contrário, não faça. Chame-a pelo telefone, toque a companhia de sua casa, mande um bilhete, uma carta, um telegrama, mas peça ajuda, ela vai gostar porque se sentirá útil.

Conte como você perdeu a auto-estima, porque isso aconteceu, fale de sua queda livre em direção ao fundo do poço, abra seu coração, solte a língua. Ela vai ter paciência para ouvir.

Quando estiver só, pense nas coisas positivas que ouviu, nas coisas que foram ditas e que você está de acordo. Analise o que poderá colocar em prática e faça uma tentativa. Comece a praticar alguma técnica usada por essa pessoa a quem você pediu ajuda e assim dará mais um passo em direção à borda do poço.

> *"Uma jornada de mil milhas começa com um simples passo"*. Lao Tzu

Vá em frente na leitura, nem que seja por curiosidade.

Se você deseja mudar, comece a fazer uma faxina agora, não deixe para depois, o momento é este. Limpe seu armário, dê roupas que você não usa mais, que estão fora de moda, limpe as gavetas, jogue papéis velhos, cartas de um amor que acabou, bilhetes, recordações inúteis, rasgue ou queime fotos de pessoas que já não significam nada para você. Dê ou jogue utensílios domésticos que você não usa mais. Jogue copos, xícaras e pratos que estejam trincados ou lascados. Livre-se de todo lixo material. Fazendo isso estará se libertando de um passado que não quer mais.

Depois disso, vá para o chuveiro, tome um banho bem demorado e, quando terminar, relaxe debaixo da água mentalizando o seguinte:

A água passando pelos ombros, braços, corpo, pernas, pés, escorrendo pelo ralo com pontos pretos e imaginando esses pontos como sendo impurezas físicas e mentais. Inspire profundamente pelas narinas e expire todo o ar pela boca.

Você vai sair renovado do banho, talvez até com vontade de cantar. Então cante!

Agora pergunte:

- Quero ser feliz?

Tenho certeza de que a resposta foi afirmativa. Então faça um brinde a você mesmo. Não importa a bebida, pode ser água. Pegue um copo bonito, transparente, coloque a bebida que escolheu e brinde. Você vai perguntar:

- Brindar a quê?

Ora! A felicidade.

Se acreditarmos que somos felizes, então, seremos. Se acreditarmos que não somos felizes, não seremos.

Já nesse estado de melhora, reconheça que pode atingir o seu objetivo, que é a reconquista da auto-estima. Você pode chegar aonde deseja, porém, terá que caminhar.

Você deve estar pensando:

– *Eu sabia que não é tão fácil quanto parece. Começou a complicar. É fácil falar, mas no estado que me encontro como vou caminhar? E, ainda, fazendo coisa de gente maluca. Tomar banho imaginando pontos pretos. Brindar com água a felicidade que não sinto. Só doido faria isso.*

Tem razão. Se não formos malucos, pelo menos um pouquinho, não conseguiremos ser felizes, porque se formos certinhos demais, deixamos de fazer muitas coisas boas que gostaríamos de fazer só porque alguém disse que não é normal fazer.

Auto-Estima: Uma Viagem ao Inferno

Abigail Feliciano

Você já subiu muitas escadas na vida, com certeza. Escada de pedra, de cimento, de madeira, com ou sem corrimão. Todo tipo de escada – rolante não vale – então, sua escalada é parecida como subir uma escada, um pé após o outro, um degrau de cada vez.

Seja persistente e chegará a borda do poço e verá o sol iluminar seu rosto. Poderá relaxar e curtir tudo de bom que a vida oferece.

Acredite, se assim não fosse, eu não estaria escrevendo para você.

Passei por todas as etapas que estou descrevendo.

Se eu consegui, você também conseguirá.

O EQUILÍBRIO DOS NÍVEIS ENERGÉTICOS

Devemos adquirir o máximo de conhecimento possível de como somos. É certo que não temos respostas para todas as perguntas, nem mesmo os melhores cientistas têm, mas é necessário que aprendamos, o mais que pudermos, sobre nós mesmos. Dessa forma, fica mais fácil agirmos a nosso favor, para isso é preciso dar importância a nós mesmos.

Somos energia e vibramos em quatro níveis, que são: físico, mental, emocional e espiritual. Logo, temos quatro níveis energéticos vibracionais. Para mantermos esses níveis equilibrados e vibrando positivamente a nosso favor, precisamos gerenciá-los.

Imagine uma empresa, loja, casa etc., sem alguém gerenciando. Seria um "deus nos acuda", ninguém saberia o que, quando e como fazer.

Você também ficará sem direção se não se conhecer. Aprenda a gerenciar e equilibrar os níveis energéticos e terá mais facilidade para manter ou readquirir a auto-estima.

Veja como funciona.

Se estiver com dor de cabeça, não conseguirá concentrar-se na leitura de um livro.

- a dor de cabeça está ocorrendo no nível físico e a falta de concentração no nível mental. Isto significa, que um nível está interligado ao outro, se um não estiver equilibrado, os demais também não estarão.

Autogerenciamento dos níveis energéticos:

Nível físico

Autogerenciar o nível físico é cuidar da saúde. Para isso, é necessário seguir à risca algumas regras, tais como:

- nutrição
- água
- sono
- exercício físico
- higiene
- Nível Mental

Autogerenciar o nível mental é adquirir conhecimentos e saber usá-los a seu favor.

Nível emocional

Autogerenciamento do nível emocional é saber agir com a razão e a emoção de forma equilibrada. Equilíbrio emocional não significa tornar-se frio, incapaz de sentir emoções, significa saber dominar as reações emocionais em situações que exigem reflexão antes de falar ou agir para que não ocorra perda nem para si e nem para os outros.

Auto-Estima: Uma Viagem ao Inferno
Abigail Feliciano

Nível Espiritual

Nível espiritual não tem nada a ver com religiosidade, independe de ter ou não um rótulo religioso. Equilíbrio do nível espiritual significa estar em paz consigo mesmo, com tudo e com todos.

A pessoa equilibrada espiritualmente vê a harmonia da natureza, convive com ela e transmite a outros essa mesma harmonia.

Autogerenciamento espiritual:

- ❒ relaxamento
- ❒ respiração
- ❒ meditação
- ❒ mantras
- ❒ oração religiosa ou cientifica

Oração religiosa: dirigir apelos a Deus, aos santos ou aos anjos.

Oração científica: criar uma forma de apelo ao deus interior, a natureza.

Mantras: são sons que mantém o mesmo ritmo e equilibram, acalmam.

Meditação: exige muito treino para praticar, pois é necessário muita concentração e para praticar é preciso estar em um lugar arejado, silencioso e com pouca luz. Desligar-se de tudo, não pensar em nada, expulsar os pensamentos, olhar para dentro de si e buscar somente coisas boas e gratificantes.

Adquira o hábito do autogerenciamento de seus níveis energéticos e encontrará o caminho para não mais perder sua auto-estima.

Auto-Estima: Uma Viagem ao Inferno
Abigail Feliciano

Comece agora mesmo.

Mandamentos da paz interior:

1. Nunca usar violência, seja física ou moral.
2. Cultivar emoções e pensamentos positivos.
3. Procurar ver sempre o lado melhor das coisas.
4. Viver o momento presente.
5. Viver cada dia como se fosse o mais interessante de todos.
6. Ter um amigo a quem confiar as preocupações.
7. Procurar ser justo com todas as pessoas.
8. Não se preocupar com muitas coisas ao mesmo tempo.
9. Procurar desenvolver o poder mental e espiritual.
10. Desapegar-se do passado.

Julio Maran

A paz interior leva à auto-estima e a auto-estima traz paz interior.

Dedique-se a praticar esses mandamentos e com certeza, você não baterá mais na Porta do Inferno.

BOA SORTE!!!

Impresso nas oficinas da

SERMOGRAF - ARTES GRÁFICAS E EDITORA LTDA.
Rua São Sebastião, 199 - Petrópolis - RJ
Tel.: (24) 2237-3769